Entrenamiento de Baño para Niños Pequeños:

2 Días de Entrenamiento Súper Simple Que Sí Funciona

Marie C. Foster

para fines educativos y de entretenimiento. Se ha hecho todo lo posible para proporcionar información completa precisa, actualizada y confiable. No se expresan o implican garantías de ningún tipo. Los lectores reconocen que el autor no está participando en la prestación de asesoramiento legal, financiero, médico o profesional. El contenido de este libro se ha derivado de varias fuentes. Consulte a un profesional con licencia antes de intentar cualquier técnica descrita en este libro.

Al leer este documento, el lector acepta que bajo ninguna circunstancia es responsable el autor de las pérdidas, directas o indirectas, en que se incurra como resultado del uso de la información contenida en este documento, incluyendo, aunque sin limitarse a: errores, omisiones o inexactitudes.

Tabla de contenido

Introducción:

El primer año de vida de tu bebé es increíble, ya que te maravillas con todos los hitos de desarrollo que alcanzan. Es muy hermoso ver a tu pequeño mientras aprenden a levantar la cabeza, a gatear y a explorar el mundo que los rodea. Sin embargo, algo que debes tener en cuenta a medida que van creciendo es el momento adecuado para comenzar el entrenamiento para ir al baño.

El entrenamiento para ir al baño se puede separar en dos enfoques diferentes. El primero es el enfoque de "esperar que tu niño esté listo", lo cual generalmente toma mucho más tiempo que el entrenamiento temprano para ir al baño. El segundo es enseñarle a tu hijo cuando creas que está listo desde el punto de vista de desarrollo. Hay numerosas ventajas en esto, incluyendo un proceso de capacitación más fácil y más rápido (porque tu hijo aún no ha desarrollado malos hábitos como la terquedad o haberse acostumbrado a la sensación de orinar o defecar en el pañal), un mayor nivel de autoestima e independencia para tu hijo, y menos dinero gastado en pañales durante la vida de tu hijo.

Cuando te das cuenta de que el mejor método es preparar a tu hijo para el entrenamiento para ir al baño, en lugar de esperar a que esté listo, el paso que sigue es leer las páginas de este libro. Si eres un padre ocupado, este método de 2 días es ideal. Puedes optar por entrenar a tu hijo en el baño en un solo fin de semana, en lugar de tener que buscar el tiempo para alargar el proceso durante tres días, como es habitual con el método de 3 días.

En este libro, aprenderás cómo prepararte (y a tu pequeño) para el entrenamiento del baño. Aprenderás de antemano qué necesitas comprar, los mejores métodos para convencer a tu hijo o hija de que se suba al retrete y cómo recompensarle, para asegurarte de que el uso del retrete se convierta en un hábito.

Para los padres que han hablado con otros sobre el entrenamiento para ir al baño, han escuchado historias de terror o han desarrollado luchas propias, el escepticismo puede estar en sus mentes cuando escuchan que el método de entrenamiento para ir al baño solo toma dos días. Sin embargo, como padre que ha probado este método personalmente, puedo decir que realmente funciona. El método de dos días fue efectivo y si bien requirió un gran compromiso el fin de semana que lo puse en práctica, valió la pena. ¡Al final del fin de semana, mi hijo era un campeón entrenado para ir al baño!

A decir verdad, incluso si eres escéptico, no hay casi nada que perder al probar este método. Comprarás las cosas que tendrías que comprar cuando tu hijo estuviera listo de todos modos, como ropa interior y una bacinilla. Aparte de estos costos, lo único que debes comprometer al proceso es tu tiempo. Dado que está diseñado para funcionar en un solo fin de semana, esto no es un sacrificio.

Entonces, ¿qué tienes que perder? Prepárense y equípense para el próximo fin de semana que tengan libre y haz todo lo posible para que tu pequeño ponga su pis y caca donde corresponde. Es un pequeño compromiso de tiempo que bien lo vale.

¡La mejor de las suertes en tu travesía de entrenamiento para ir al baño!

Capítulo 1: Iniciando el Entrenamiento de Baño para Niños Pequeños

Capítulo 1: Iniciando el Entrenamiento de Baño para Niños Pequeños

Los niños alcanzan ciertos hitos de desarrollo entre el primer año y los 2 años de edad. Es durante este tiempo cuando pueden comenzar a moverse más, intentar (y finalmente tener éxito) al caminar, y comenzar a expandir su vocabulario. La etapa del niño también se caracteriza por una mayor conciencia de su entorno, un deseo de gran independencia, el reconocimiento del niño de su propia persona y la de los demás, la imitación de la conducta e incluso el comportamiento desafiante. Si bien este hito significa muchas cosas, también puede indicar que tu hijo está listo para comenzar el entrenamiento para ir al baño.

¿Qué es el Entrenamiento de Baño para Niños Pequeños?

El entrenamiento de baño para los niños no se relaciona realmente con una edad específica para esto. Por lo general, se lleva a cabo antes de que el niño indique que está listo, lo que es común cuando los padres adoptan un enfoque más relajado para dicho entrenamiento. El entrenamiento de ir al baño para niños pequeños se refiere a cualquier práctica iniciada por el padre para ir al baño, aunque generalmente se lleva a cabo entre el primer año y los 2 años de edad.

¿Cuándo debo comenzar el Entrenamiento de Baño?

Depende totalmente de ti cuándo comenzarás a entrenar al niño para ir al baño. Sin embargo, debes tener en cuenta que tu hijo debería poder hacer varias cosas antes de comenzar el proceso. Antes de comenzar, asegúrate de que tu hijo pueda:

- Caminar hacia el retrete o silla de entrenamiento para ir al baño
- Decir al menos algunas palabras, indicando que puede comunicarse contigo cuando tiene que ir al baño
- Demostrar que quiere complacerte, o al menos tiene una actitud receptiva del entrenamiento para ir al baño.

Si tu hijo ha alcanzado estos hitos de desarrollo, entonces tu pequeño puede estar listo para el entrenamiento del baño.

El Método de los 3 Días frente al Método de los 2 Días

Uno de los métodos más populares de entrenamiento para ir al baño es el método de 3 días, el cual le da a tu hijo un día extra para trabajar en la técnica de ir al baño. Desafortunadamente, no todos los padres pueden trabajar con el método de 3 días, especialmente aquellos que trabajan durante la semana o que tienen un estilo de vida ocupado. Si bien muchas de las técnicas utilizadas son similares, hacer el trabajo en 2 días te permite programarlo para el fin de semana.

¿Por Qué Entrenar A Tu Pequeño Para Ir Al Baño Es Importante?

Algunos padres y expertos recomiendan que permitas que tu hijo comience a ir al baño cuando esté listo. Debes familiarizarlo con el retrete y alabarlo si quiere usarlo, pero en general, permite que el niño decida cuándo él mismo se sienta listo.

El problema con el método de entrenamiento "espera hasta que tu hijo esté listo" es que puede llevar mucho más tiempo convencer a tu hijo para que empiece a usar el retrete. Esto está bien para algunas familias, pero eso restringe lo que tu hijo puede hacer. Por ejemplo, la mayoría de las escuelas preescolares y algunas guarderías requieren que el niño esté entrenado para ir al baño antes de asistir a estos lugares. Esto permite que los maestros y cuidadores brinden a todos los niños la atención y el tiempo necesarios para el aprendizaje, en lugar de perder el tiempo preocupándose de que el niño necesita usar el baño.

Beneficios del Entrenamiento Temprano Para Ir Al Baño

En algunas culturas y en el mundo occidental específicamente, se ha convertido en una tendencia popular dejar que los niños decidan cuándo están listos para ir al baño, en lugar de alentarlos desde el principio. El entrenamiento temprano para ir al baño no incluye el entrenamiento como un bebé, sino que tiene lugar entre las edades de 1 y 2 años, cuando el niño cumple con los hitos de desarrollo correctos. Se considera entrenamiento temprano porque el método de espera por lo general ocurre después de los 2 años y medio de edad. Algunos de los beneficios de alentar a tu hijo a ir al baño temprano incluyen:

- Menos Tiempo Para Formar Malos Hábitos: a medida que tu hijo se vuelve más consciente de sí mismo, comenzará a reconocer las sensaciones de orinar y defecar dentro de su pañal. Esta familiaridad se vuelve perjudicial cuanto más tiempo espere para su entrenamiento en el baño porque se sentirán cómodos teniendo ese desperdicio dentro de sus pantalones. Este hábito puede ser difícil de romper, especialmente cuando están más interesados en cosas como comer, mirar televisión o jugar en lugar de tomarse unos minutos de descanso para usar el baño.

- Menor Resistencia: Cuanto más joven es un niño, es más probable que responda bien al estímulo de sus padres durante el entrenamiento para ir al baño. Después de los dos años, los niños pequeños tienden a volverse más desafiantes y menos propensos a preocuparse por seguir órdenes, ya que comienzan a desafiar la autoridad de sus padres y a sobrepasar los límites. Este nuevo desafío no se detiene a medida que van creciendo, por lo que la enseñanza de tu hijo antes de que él o ella entre en esta etapa puede aumentar en gran medida la probabilidad de éxito.

- Mejor Conocimiento de las Señales Intestinales: No solo orinar y defecar en un pañal se convierte en un hábito a medida que el niño crece, también se vuelve un hábito ignorar las señales que envía el cuerpo cuando necesita eliminar los desechos. Esto hace que sea menos probable que tu hijo preste suficiente atención a las señales para detener lo que está haciendo en ese momento y usar el baño.

Además de evitar algunos de los efectos desagradables de esperar demasiado tiempo para entrenar a tu niño en el baño, aquí hay algunas ventajas:

- Reduce el Costo de la Crianza: Cuando entrenas temprano a tu hijo para usar el baño, en última instancia gastas menos dinero en pañales y *pull-ups*. El método descrito en este libro no recomienda el uso de *pull-ups* en absoluto, por lo que reducirás drásticamente la cantidad que gastas en pañales durante la vida de tu hijo.
- Disminuye el Impacto en el Medio Ambiente. ¿Sabía que

el promedio de los pañales desechables puede tardar 500 años antes de descomponerse? No solo estás ahorrando dinero comprando menos pañales, sino que estás contribuyendo al medio ambiente de una manera positiva.

- Mejora la Autoestima y la Independencia: A medida que tu hijo madura, disfrutarás de sus logros y desarrollo. Esto es especialmente cierto cuando los elogias. Al enseñarle a tu hijo a ir al baño temprano, puedes aumentar su sentido de capacidad e independencia. Esto, a su vez, aumenta su autoestima y confianza.

- Beneficia la Salud y la Higiene de tu Hijo: Con el entrenamiento para ir al baño deben tener hábitos de higiene positivos, como el lavado de manos. Esto fomenta la buena salud. Además, no tienes que preocuparte tanto por la irritación y dermatitis del pañal una vez que tu hijo ya no esté sentado en pañales mojados durante un largo período de tiempo.
- Más Flexibilidad para la Guardería y la Escuela: Si tu hijo no sabe ir al baño, es posible que ciertas guarderías y escuelas no los acepten como estudiante. Si tu hijo ya tiene buenos hábitos de baño,

no tendrás que preocuparte por cuánto tiempo estará sentado sobre el pañal en la guardería o si serán aceptados en la escuela preescolar.

Descripción General del Método de Entrenamiento Para ir al Baño de 2 Días

Mientras lees este libro, veremos cómo entrenar a tu hijo de 2 años en detalle. Antes de comenzar, estos son los pasos básicos que puedes esperar.

1. Preparar a tu hijo para el entrenamiento de ir al baño: antes de comenzar, necesitarás una estrategia específica para enseñarle a tu hijo a ir al baño.

2. Enseñar Comunicación de Baño: Si tu niño no puede decirte que necesita

orinar o defecar, le será muy difícil comenzar a ir al baño.

3. Introduciendo Tu Hijo al Baño: Antes de que tu hijo se siente de buena gana en el retrete, debes enseñarle sobre el retrete y para qué sirve.

4. Aplicando el Método de 2 Días de Entrenamiento Para ir al Baño: Esto se tratará del campo de entrenamiento para ir al baño, donde tu hijo aprenderá todas las habilidades que necesita para mantenerse seco durante el día.

Además de los detalles sobre el proceso mencionado de entrenamiento de baño de 2 días, aprenderás la mejor manera de que tu hijo no tenga pañales, errores comunes que debe evitar para tener éxito en el entrenamiento para ir al baño y consejos extra para niñas, niños y padres.

RESUMEN DEL CAPÍTULO:

1. El entrenamiento de niños pequeños para ir al baño describe cualquier entrenamiento temprano iniciado por el padre, en lugar de esperar las señales del niño de que él o ella está listo. Por lo general, esto ocurre entre el primer y el segundo año de la vida de un niño, cuando puede comunicarse, puede caminar hasta el baño y tiene una actitud dispuesta a hacer lo que le pide su cuidador. Es entonces cuando el método de 2 días será más efectivo.

2. Hay muchos beneficios para el método de 2 días cuando se compara con el método de espera para el niño

pequeño. Los niños pequeños a menudo están más dispuestos a complacer durante este tiempo y aún no han desarrollado hábitos de baño "malos", como ignorar sus señales corporales de que tienen que orinar o hacer popó o sentarse en un pañal sucio. Además, ahorrarás dinero en pañales y disminuirás tu impacto en el medio ambiente.

3. La técnica de entrenamiento para ir al baño de 2 días es ideal para los padres que tienen un horario ocupado y necesitan adaptar el entrenamiento a un fin de semana de 2 días. Al comprometer su tiempo, podrá fácilmente utilizar el procedimiento descrito en este libro para convencer a su hijo a usar el baño.

SU PASO DE ACCIÓN DE INICIO RÁPIDO: ENCUENTRA MÁS INFORMACIÓN

Si no deseas leer las páginas de este libro, o si tienes una pregunta que aún no ha sido respondida, descubre un poco más sobre el método de 2 días de entrenamiento para ir al baño leyendo al menos un sitio web. También puedes comparar los métodos si lo deseas, para ver qué técnica es mejor para ti y tu hijo

.

Capítulo 2

Preparación del Entrenamiento Para Ir Al Baño

Capítulo 2: Preparación del Entrenamiento para Ir Al Baño

El entrenamiento para ir al baño no es algo que sucederá sin esfuerzo. No se puede "aletear" o simplemente hacerlo. Más bien, el entrenamiento para ir al baño es algo que debes planear. Tendrás que comprar algunas cosas para preparar a tu hijo para el éxito y tener un plan estratégico de acción bien pensado para realizar el entrenamiento para ir al baño durante el fin de semana.

¿Por Qué Necesitas un Plan Estratégico Para El Entrenamiento De Baño?

Déjame decirte por qué "solo hacerlo" es un error. Mi hijo tenía alrededor de 15 meses cuando mostró interés por el retrete por primera vez. Como madre novata, estaba emocionada. Apenas podía creer que fuera así de simple. Salté en ese reto con ambos pies, dándole muchos elogios cada vez que iba a la bacinilla y preguntándole varias veces al día si tenía que ir.

Si bien pensé que esto sería suficiente, carecíamos de mucha consistencia. Las veces que lo atrapé fueron trematodos y, meses después, todavía no estaba completamente entrenado. Algunos días, no iba al baño porque estábamos ocupados y todavía no entendía cómo pedir el uso del retrete.

Si me hubiese tomado el tiempo de investigar un poco más, probablemente hubiese tenido un entrenamiento para ir al baño mucho más sencillo. Tuve tanta suerte con mi hija que ya había hecho la investigación para su hermano. Cuando ella mostró interés alrededor de los 17 meses, probamos el método de 2 días y se dio sin problemas. En un solo fin de semana, ella había aprendido lo que nuestro hijo había tardado casi un año en aprender.

Beneficios de Desarrollar un Plan Estratégico de Entrenamiento Para Ir al Baño

La planificación estratégica incluye muchos beneficios que la hacen ideal en cualquier situación, no solo mientras se entrena para ir al baño. Aun así, estas son algunas formas en las que crear un plan claro de entrenamiento para ir al baño puede ayudarte a encaminar a tu hijo:

• Meta Final Clara: Cuando planificas, puedes ver el objetivo final muy claramente. Después de este curso intensivo de 2 días, la situación ideal es que tu hijo se familiarice lo suficiente con el retrete que elija no ir al baño estando en calzoncillos. Idealmente, deberías poder dejarlo en ropa interior y no preocuparte demasiado por los accidentes. Pueden ocurrir de vez en cuando, pero el objetivo del entrenamiento para ir al baño es minimizarlos.

• Establecer Dirección: Cuando sepas dónde está el objetivo final, puedes establecer la dirección que deseas que tome el entrenamiento para ir al baño. Esto incluye la manera en que presentas y describes el baño para tu hijo pequeño. Al hacer esto, asegúrate de tener claras sus expectativas de que, a partir de ahora, esperarás que haga pis y caca en el retrete.

- Ofrecer Recompensas Consistentes: Uno de los mayores problemas que tuve al entrenar a mi primer hijo fue la inconsistencia, tanto con las recompensas como para ir al baño. Cuando desarrollas un plan estratégico y lo pones en acción, las recompensas (y el mensaje que estás tratando de enviar a tu niño pequeño) son consistentes.

- Despejar el Fin de Semana: Cuando tienes un plan, puedes elegir un marco de tiempo para llevarlo a cabo. Abastécete de bocadillos, jugo y cualquier otra cosa que necesites para pasar el fin de semana y mantener a tu pequeño en casa. Puedes recibir visitantes, pero asegúrate de seguir el programa de entrenamiento para ir al baño, independientemente de quién esté cerca. Prestar atención constantemente a las señales de "bacinilla" de tu pequeño y llevarlo regularmente al inodoro es fundamental si quieres tener éxito con el método de 2 días.

● Darle Metas A Tu Hijo: Una de las mejores cosas que viene con el entrenamiento para ir al baño es aumentar la autoestima y la independencia. Si se te ocurre una meta y la compartes con tu niñito, también se deleitará con sus logros. Él sabrá exactamente lo que esperas que haga y cuando se dé cuenta de que es capaz de hacerlo, habrá encontrado una nueva confianza y satisfacción en el adiestramiento del baño.

Cómo Desarrollar Una Estrategia de Entrenamiento de Baño para Niños Pequeños

Ahora, sabes que la planificación es fundamental para el éxito de este entrenamiento, es hora de repasar los pasos que te llevarán allí. Venir con una estrategia no es solo anotar algunas ideas en un pedazo de papel y darlo por hecho. Sigue este proceso para tener éxito con tu planificación estratégica.

1. Haz Tu Investigación: Si seguiste el plan de acción rápida sugerido al final del primer capítulo, es posible que ya hayas tenido un impulso al respecto. Lo primero que debes hacer es ver algunas estrategias diferentes de entrenamiento para ir al baño. Para los padres que están preocupados de que su hijo vaya al

baño en la alfombra, considera elegir un día cálido y dejar que tu pequeño corra desnudo en el patio trasero. Sin embargo, al elegir los métodos que vas a implementar, ten en cuenta la personalidad de tu niño y lo que será más efectivo para él o ella y lo menos estresante para ti. Hacer esto te brinda la mayor posibilidad de éxito en el entrenamiento del baño.

2. Decide Cuál Plan Poner en Práctica: Después de una gran cantidad de investigaciones, tendrás una idea clara de las muchas técnicas que se pueden usar para el entrenamiento de baño. Una vez que lo hayas decidido, avanza a los próximos pasos de planificación.

3. El Gran Debate Sobre la Ropa Interior: Uno de los mayores horrores del entrenamiento para ir al baño es

darse cuenta de que el pis y la caca de tu pequeño no van a estar contenidos en un pañal. Los pull-ups pueden funcionar para algunos niños, pero es menos probable que funcionen porque son lo más parecido a un pañal. Incluso los pañales que tienen ese toque de frescura que cuando tu hijo hace pis o caca hace que no entienda la relación entre la vejiga y el movimiento intestinal y cómo se siente cuando tiene que ir al baño. Por esta razón, muchas personas recomiendan pasar directamente a la ropa interior con el entrenamiento para ir al baño. Si eliges esto, asegúrate de apilar muchas prendas de ropa interior antes del gran fin de semana.

4. Abastécete de Recompensas: Antes de comenzar, tendrás que decidir cómo quieres recompensar a tu pequeño por

sus esfuerzos. Elige un dulce pequeño (como trocitos de chocolate), pegatinas o cualquier otra cosa que le interese a su niño pequeño. También debe prepararse para estar disponible para muchos elogios para acompañar cualquier obsequio que elija como recompensa. También puede ser útil diferenciar entre pis y caca ofreciendo un segundo caramelo pequeño o una pegatina grande en lugar de uno pequeño para cuando tu pequeño haga el número dos. Deja para después el parque y la casa de la abuela y ve de compras antes de comenzar la travesía del entrenamiento para ir al baño. De esta manera, no habrá distracciones para el entrenamiento del baño.

6. Comunícate con tu hijito: Es mejor empezar el entrenamiento del baño

después de haber tenido al menos unos pocos días para que entusiasmar a tu hijo con la idea de que viene el fin de semana. Siempre explícale que el próximo curso intensivo sobre el uso del baño es algo emocionante que harán juntos. También puedes llevarlo al baño contigo, su otro padre o un hermano mayor, para que pueda ver cómo sus modelos a seguir usan el retrete.

7. Hazlo. Una vez que hayas considerado todas estas áreas, es hora de escribir el plan. Decide qué necesitas comprar y prepara a tu niño para el próximo fin de semana, demostrando mucha emoción.

RESUMEN DEL CAPÍTULO:

1. Desarrollar un plan estratégico para el entrenamiento del baño es fundamental

para el éxito. Si intentas implementar el adiestramiento para ir al baño sin un plan, es posible que carezca de la consistencia necesaria para que tu pequeño empiece a usar el retrete. Tener un plan te permite prepararte mejor, desarrollar consistencia y enfocarte en el objetivo final, todo lo cual mejorará tus esfuerzos.

2. Cuando no planificas, planeas el fracaso. Al idear una estrategia que funcione para ti y tu niño pequeño, finalmente se preparan para el éxito del entrenamiento del baño. Además, obtienes los beneficios de saber exactamente qué hacer durante el próximo fin de semana y puedes prepararte, para que no tengas que salir de la casa durante el campo de entrenamiento.

3. Puedes proponer una estrategia descriptiva de entrenamiento para el uso del baño en 7 sencillos pasos. Recuerda considerar la personalidad de tu hijo a medida que desarrolla la estrategia para un éxito óptimo. Luego, decide sobre factores como si usará ropa interior o *pull-ups* (o lo dejarás sin nada), cuándo se llevará a cabo el entrenamiento para ir al baño y cómo se comunicará y le recompensarás cada vez que necesite ir.

TU **PASO DE ACCIÓN DE INICIO** RÁPIDO: SIGUE APRENDIENDO

Pasa varios minutos revisando las diferentes técnicas de entrenamiento para ir al baño como se sugirió en el Paso 1. Esto te preparará para elaborar un plan estratégico que funcione, en lugar de elegir uno y esperar lo mejor.

Cuando hayas hecho esto y hayas decidido qué método usar, pasa la página al siguiente capítulo y comienza el siguiente paso de la travesía del entrenamiento de 2 días.

Capítulo 3
Consejos de
Comunicación
Adecuados

Capítulo 3: Consejos de Comunicación Adecuados

Imagínate esto. Es la década de 1950 en Estados Unidos y los pañales desechables aún no han llegado a los estantes. Cada vez que tu pequeño decide ensuciar su pañal de tela, debes enjuagar o fregar el pañal, así como también las partes de tu niño. Este es un proceso agotador y tedioso, uno que te gustaría hacer lo menos posible.

La única solución lógica durante estos días en el pasado era ir al baño - temprano. Cada vez que el bebé entraba al baño representaba otro pañal de tela que no necesitaba enjuagarse ni lavarse. Estas pequeñas victorias conducirían al entrenamiento para ir al baño mucho antes de lo que es ahora, a la edad de 2 años.

Una de las razones acreditadas por los médicos es que los niños no están emocionalmente preparados para el entrenamiento de ir al baño hasta que tienen entre 2 y 3 años. El estilo de vida acelerado que muchos padres llevan también puede ser el culpable, el tiempo de criar, trabajar y cumplir con los muchos compromisos que vienen acompañados de tener hijos requieren tiempo. Aun así, no es raro que los niños pequeños sean entrenados para ir al baño: es una práctica común en Europa del Este, Asia, América Latina y África hagan que sus hijos aprendan a usar el baño antes de los 2 años de edad.

Esto demuestra que es posible comunicarte con tu hijo, incluso cuando está en los primeros años de su vida. Este capítulo te enseñará por qué esta comunicación es importante y cómo puedes desarrollar la comunicación de entrenamiento para ir al baño entre tu niño pequeño y tú. Esto conducirá al éxito del entrenamiento para ir al baño.

¿Qué es una Comunicación Exitosa en el Entrenamiento de Ir al Baño?

La comunicación exitosa de entrenamiento para ir al baño describe una relación de comunicación que va en ambos sentidos. Debes comunicar lo que quieres que haga tu niño de una manera que entienda y esté dispuesto. Sin embargo, también debe ser receptivo a las señales de comunicación que tu niño te está enviando.

Cuando estaba entrenando para ir al baño a mi hija menor, pasamos mucho tiempo investigando antes del gran fin de semana. Queríamos dar los pasos adecuados, así que no tuvimos los mismos problemas con ella que tuvimos con nuestro hijo. Una cosa a la que prestamos mucha atención en preparación para el gran día fue a sus hábitos de baño. A pesar de que aún no sabía las palabras, nuestra hija nos dejaba saber con sus movimientos corporales cuándo tenía que ir. Casi parecía que estaba avergonzada por defecar porque se iría a una esquina o se escondería debajo de una mesa antes de hacer sus cosas. A ella también le daban los "escalofríos" que les dan a los bebés después de orinar. Cuando reconocimos las señales que nos enviaba, pudimos enseñarle las palabras para orinar y defecar.

Creo que la comunicación entre mi hija y yo fue de gran ayuda en el proceso. Aprendió a identificarlos como "i" y "u" (todavía no podía pronunciar un sonido "p") y nosotros respondíamos llevándola al retrete lo más rápido posible. Después de algunas rondas de esto, comenzó a dirigirse hacia el baño ella misma, gritando "i" o "u" cuando iba en camino.

Tuvimos la suerte de reconocer las señales de nuestra hija desde el principio, lo que nos dio un impulso en la comunicación. Incluso si no tienes la seguridad de dónde comenzar, este capítulo te enseñará lo que necesitas saber. Al final, tendrás los pasos necesarios para crear un resultado positivo al conectarte y comunicarte con tu pequeño mientras lo entrenas para ir al baño.

¿Por Qué La Comunicación Es Importante?

¿Alguna vez escuchaste una palabra con la que no estabas familiarizada? Probablemente nunca te la hayas cruzado antes, ni lo hayas escuchado de otra persona. En esta situación, o preguntaste qué quería decir la otra persona o usaste claves contextuales para descubrir qué estaba pasando.

El cerebro de tu hijo está mucho menos desarrollado que el de un adulto. A medida que tu niño aprende y crece, forma conexiones en el cerebro que relacionan ciertas sensaciones y sentimientos con las palabras que le das. Cuando comienzas el entrenamiento para ir al baño, es poco probable que tu hijo asocie la sensación de orinar o defecar como la sensación de necesitar eliminar ese desperdicio. Es tu trabajo desarrollar esta comunicación. No te preocupes si no estás seguro de cómo hacerlo; revisaremos los pasos que debes seguir en la siguiente sección.

Beneficios de Establecer una Conexión de Comunicación Durante el Entrenamiento del Baño

- Tu Hijo Puede Decirte Cuando Necesita Ir: Aunque el método de 2 días requiere que pases cada momento del día con tu hijo, puedes pasar por alto un aviso. Puede escabullirse a la esquina para usar el baño al principio, o simplemente pueden carecer de la conexión mental que indica la sensación de que necesita orinar o defecar. Una vez que les enseñas las palabras y las conectas con las sensaciones que están experimentando mediante el uso de la comunicación de eliminación, la mayor parte de lo difícil del entrenamiento para ir al baño ha terminado.

• Puedes Comunicar Claramente Tu Orgullo: Usar el baño es un gran asunto para tu hijo pequeño. Cuando haces el entrenamiento temprano de tu hijo, tienes la ventaja de seguir trabajando con un niño pequeño que es receptivo a hacerte feliz. En lugar de ser desafiante y resistente, la comunicación que desarrolles lo alentará a compartir la felicidad contigo y a hacer lo que tú quieras.

• Puedes Alentar a Tu Hijo a Compartir y a Hacer Preguntas: Mientras que ir al baño es simple para los adultos, puede parecer intimidante para un niño pequeño. Cuando tienen una comunicación abierta, tu niño se siente cómodo haciendo preguntas y compartiendo la forma en que se siente su cuerpo. Esto aumenta las posibilidades de éxito.

• Desarrolla Tu Relación Con Tu Hijo Pequeño: Tu hijo te buscará para recibir orientación durante este importante hito en su vida. Esto es especialmente cierto para los niños mayores, que han empezado a ir al baño en sus pañales y ya han tenido las sensaciones. A medida que haces el entrenamiento para ir al baño juntos, la conexión y comunicación entre tu niño y tú, fortalecerá su relación.

Cómo Conectarte Con Tu Hijo Para el Entrenamiento del Baño

La comunicación de eliminación es fundamental para el éxito del entrenamiento para ir al baño, especialmente para los niños más pequeños que todavía están identificando sus sensaciones corporales y cómo se relacionan con la eliminación de los desechos. Para formar una conexión de comunicación sólida que constituirá la base para el entrenamiento para el uso del baño, sigue los siguientes pasos.

1. Educa a Tu Hijo A Través de la Observación: Una de las maneras más fáciles de comenzar a enseñarle a tu hijo sobre el retrete es llevarlo contigo cuando uses el baño. Haz ruidos de gruñido mientras estás defecando y,

después de terminar, deja que vea el desperdicio en el tazón. Los niños pequeños tienden a seguir a sus padres al baño de todos modos, así que no te resistas la próxima vez. Asegúrate de comunicar lo que estás haciendo, usando frases como hacer pis, hacer caca e "ir al baño". ¡Además, no te olvides de lavarte las manos después!

2. Confía en el Poder de los Medios: Los niños pequeños son muy visuales, porque una de las cosas que pueden relacionar fácilmente con sus sentidos es lo que están viendo. Por esta razón, las películas, los libros y los programas de televisión son herramientas útiles cuando se trata de entrenar a tu bebé para ir al retrete. A menudo pueden explicar áreas donde los padres no están claros o pueden confundir a tu pequeño.

Si tu hijo no parece estar tan interesado en los medios básicos de entrenamiento para ir al baño, considera buscar programas con sus personajes favoritos para enseñarles cómo hacerlo. Algunos libros y películas conocidos son de Plaza Sésamo, Dora, Daniel Tigre y Caillou. Otros involucran princesas, superhéroes, o simplemente la niña o niño promedio. Si te apetece un proyecto, trabaja junto con tu hijo para describir el proceso y creen su propio libro de entrenamiento para el baño. Otra gran opción son las muñecas bebé que 'hacen pis' o 'caca' en sus calzoncillos. Úsalas para enseñarle a tu hijo dónde sale el pis y la caca y hacia dónde deben ir cuando eliminan el desperdicio.

3. Presta Atención a Los Indicadores Específicos: Para cada niño, generalmente hay un signo revelador que indica que deben usar el baño. Esto podría incluir moverse, agarrarse sus partes íntimas, esconderse en una esquina o hacer un sonido específico. Prestando atención a estos indicadores, puedes ayudar a tu niño a comprender la relación entre la forma en que se siente y la necesidad de ir al baño para su eliminación.

4. Alienta a Tu Hijo a Comunicar Sus Ideas y Experiencia. Alrededor de un año después de que nuestro hijo mayor se entrenara para ir al baño, se obsesionó con añadir la palabra "caca" en todo. Podía estar diciendo cosas peores, pero me molestaba que él hubiera desarrollado ese "vocabulario de

baño". Sin embargo, mientras que tu hijo está aprendiendo a usar el baño, no hay nada de malo en este tipo de conversación. Anima a tu hijo a que hable sobre su experiencia y comparta ideas sobre cómo se siente cuando necesita usar el baño. Ser alentador y receptivo a lo que diga sobre el proceso de capacitación para el uso del baño abrirá los canales de comunicación y lo alentará a compartir más. Esto es crítico para el éxito del entrenamiento de ir al baño.

5. Mantén Una Conversación Positiva: Uno de los errores más grandes que cometen los padres cuando están entrenando a sus hijos para ir al baño es hacer que parezca como si tener un accidente fuera un gran problema. El método de 2 días puede ser frustrante,

especialmente si optas por la ruta "sin ropa interior", generalmente más efectiva. No hagas un gran problema por los desastres, solo límpialos. Luego, cuando puedas, bota el desperdicio en el retrete y explícale a tu hijo que debe hacer ese tipo de desorden en el retrete a partir de ahora. Hacer que tu niño pequeño se sienta avergonzado por los accidentes no solo es desalentador: puede crear asociaciones negativas con el proceso de capacitación para ir al baño y hacer que tarden más tiempo en ir al baño.

6. Asegúrate De Que Sepan Que Estás Orgulloso: A medida que minimizas los accidentes, también debes elogiar a tu niño cada vez que tenga éxito en el retrete. Ofrece muchos elogios y afectos y asegúrate de que sepa que estás

orgulloso de sus logros en el baño. Este refuerzo positivo hará que tu niño se sienta bien acerca de lo que está haciendo en el orinal y se sentirá bien al respecto también.

RESUMEN DEL CAPÍTULO:

1. Una comunicación de eliminación exitosa significa simplemente que hay un canal abierto de comunicación entre tu pequeño y tú. Él o ella deberían sentirse más cómodos al comunicar sus emociones sobre el entrenamiento del baño, así como también cuando necesitan ir al baño. También debes comunicar tus expectativas a tu niño de una manera positiva, tanto en la preparación así como durante el proceso de entrenamiento para ir al baño. Otra parte de la buena comunicación es ser

receptivo, respondiendo a las preguntas de tu hijo y asegurándote de que responde a los comentarios positivos que le estás dando cuando va al baño.

2. Hay muchos beneficios de establecer canales abiertos de comunicación entre tu hijo y tú en todas las áreas de crianza. Cuando se usa en el entrenamiento para ir al baño, la comunicación de eliminación ayuda a aclarar los momentos en que tu hijo hacer pis o caca, hace que tu hijo sienta tu confianza y orgullo, alienta a tu niño a compartir y hacer preguntas, y mejora la relación entre ustedes en general.

3. Hay varios pasos para desarrollar una comunicación positiva de entrenamiento para ir al baño entre tu hijo y tú. Estos incluyen proporcionar las herramientas y los materiales correctos para la

observación y ayudar a tu hijo a aprender qué hacer, a la espera de indicadores que muestren que tu pequeño necesita usar el retrete, proporcionando una gran cantidad de comunicación positiva y minimizando los accidentes. Al hacer estas cosas, fomentarás una buena comunicación y harás que el proceso de entrenamiento para ir al baño sea significativamente más fácil para ambos.

TU PASO DE ACCIÓN DE INICIO RÁPIDO: INICIA LA COMUNICACIÓN ACERCA DEL ENTRENAMIENTO PARA IR AL BAÑO

Nunca es demasiado temprano para comenzar a familiarizar a tu niño con lo que sucede en el retrete. Aliéntalo a compartir el tiempo de baño contigo y que aprenda acerca de hacer pis y caca, a través de la observación y las muchas opciones de medios disponibles. También es un buen momento para introducir materiales como libros y películas de entrenamiento para ir al baño. Estas cosas y conversar mucho sobre el fin de semana que se avecina son esenciales para abrir sus canales de comunicación y prepararse para las próximas lecciones.

Capítulo 4:
Introducción al
Retrete

Capítulo 4: Introducción al Retrete

Este capítulo va a ser el primer paso de acción al introducir tu hijo al baño. Si bien se proporcionaron algunas ideas en el capítulo anterior, este profundizará más acerca de cómo debe introducir tu niño al entrenamiento en el retrete.

Entender el Retrete: Lo Que Tu Niño Necesita Saber

La forma de presentarle el retrete a tu hijo es fundamental para el fracaso o el éxito del entrenamiento para ir al baño. Hay varias áreas que debes abordar, que incluyen:

- A Dónde Va El Desperdicio: El objetivo principal del entrenamiento para ir al baño es enseñarle a tu niño dónde se supone que debe ir el pis y la caca. Algunos padres se divierten enseñando a sus hijos que el retrete se está "comiendo" sus desperdicios, pero esto puede ser aterrador para algunos. Usa tu mejor criterio para decidir qué funcionará mejor con tu niño pequeño.

- ¿Quién Va En La Bacinilla? Cuando potenciando a tu hijo para que vaya al baño, puede ser una buena idea mostrar programas de televisión o libros donde sus personajes favoritos eliminen el desperdicio en el retrete. También puedes elogiar a los niños mayores (como un hermano mayor o un primo) que usan el retrete grande y lo orgullosos que deben estar sus padres.

Al darle a tu hijo modelos a seguir como le gustaría ser y al relacionarlo con ir al baño, tu hijo también querrá eliminar el desperdicio en el retrete.

• Limpiar- Si bien hacer que tu niño vaya al baño es el principal hito que estás tratando de cumplir, familiarizarlo con limpiarlo en esta etapa puede ser muy útil más adelante, una vez que haya dominado el uso del baño.

• Higiene del Baño: Además de los aspectos básicos del uso del retrete, debes enseñarle a tu hijo sobre la higiene en el baño. Asegúrate de hacer énfasis en lavarse las manos cada vez que tu niño use el retrete, especialmente si le gusta lavarse las manos.

Beneficios del Calentamiento Previo al Partido

Una de las razones por las que estábamos escépticos sobre el método de 2 días con nuestra hija fue porque no parecía posible que ella pudiera aprender en tan poco tiempo. Sin embargo, es más práctico pensar en los dos días en los que te estás concentrando mucho en el entrenamiento para ir al baño como en una especie de campo de entrenamiento y recordar que el calentamiento previo al partido es tan importante como el juego real. Ayuda a preparar a tu niño pequeño, para que cuando llegue el gran fin de semana, esté más que listo para mostrarte lo que puede hacer. Estos son algunos de los beneficios de preparar bien a tu hijo antes del fin de semana:

- Comienza a Formar Las Expectativas de Tu Hijo: Cuando colaboras con otra persona, una de las razones más comunes de decepción es una expectativa poco clara. Cuando relacionas consistentemente hacer pis y caca en el baño y proporcionas retroalimentación positiva cuando el niño o la niña muestran interés, se familiarizan con el proceso de capacitación y lo que se espera de ellos.

- Tienes Tiempo Para Promover La Idea: El método de 2 días es increíblemente efectivo para los niños que están listos, pero debes asegurarte de que tu niño esté listo antes de que llegue el fin de semana para que sea un éxito. Al presentar la idea antes de que tu niño pequeño sea puesto a prueba, le da tiempo para que se familiarice con la idea.

- Puedes Dejar Que Tu Hijo Elija Sus Herramientas: Dejar que tu hijo elija su bacinilla o la ropa interior con su personaje favorito puede ser increíblemente beneficioso como un incentivo para que el trabajo se cumpla. Puede proporcionarle la motivación que necesita para impulsarlo hacia el éxito. Además, al permitir que tu hijo elija ropa interior nueva y una silla de entrenamiento para ir al baño, ayuda a desarrollar la emoción para el fin de semana que viene.

- Te Permite Determinar Si Tu Hijo Está Realmente Listo: Hay personas que te dirán que, independientemente de lo que hagas, no puedes forzar a un niño que no está listo. Sin embargo, las personas que dicen eso a menudo trabajan con niños mayores que han comenzado a mostrar su individualidad y resistencia. Pueden luchar contra los intentos de cada uno de sus padres para entrenarlos porque ya se han acostumbrado a hacer lo que quieran y simplemente usan el pañal cuando tienen que ir al baño. Cuando se trata de un niño más pequeño, como suele ocurrir al usar este método anterior de entrenamiento para ir al baño, es más probable que sea efectivo. Además, antes de jugar y explorar la idea del entrenamiento para ir al baño antes del gran fin de semana, puedes usar tu propio juicio sobre si su pequeño está listo para comenzar a usar el baño.

Pasos Para La Introducción Eficaz al Retrete

Al comenzar, asegúrate de tener en cuenta los siguientes pasos:

1. Deja Que Te Acompañen Al Baño: Si escuchas a cualquier padre, es posible que te digan que intentar ir solo al baño es una pesadilla. Sin embargo, cuando estés considerando el entrenamiento para ir al baño, utilízalo para tu beneficio. Muéstrale a tu pequeño cómo usar la bacinilla haciendo ruidos alentadores y explicando lo que estás haciendo. También puede permitirles

observar a sus hermanos mayores, cuando corresponda.

2. Decide Sobre Un Método de Educación: Como se mencionó anteriormente, hay varias maneras de educar a tu hijo sobre el entrenamiento para ir al baño. Puedes encontrar libros o películas dedicados al entrenamiento para ir al baño o usar una muñeca que "va al baño". Al educar a tu pequeño, responderás preguntas que quizás aún él no sepa cómo formular. Recuerda que la curiosidad es algo bueno. Muestra que usar el baño ha despertado el interés de tu hijo.

3. Comprar Su Propia Bacinilla: Al elegir una bacinilla, tienes la opción de elegir una para que se pone en el suelo o una que se coloca en la parte superior del asiento del retrete en el baño, junto con

un taburete para que tu niño pueda ir al baño. El que se pone encima del retrete puede ser una buena opción si parece que él o ella están interesados en usar el retrete a donde vayas. Los que se colocan en el suelo, sin embargo, tienen la ventaja de ser portátiles para que puedas colocarlos en la habitación donde se encuentra tu hijo y llevarlo rápidamente al baño. También puedes optar por invertir en ambos.

4. Escogiendo La Ropa Interior: La ropa interior de "Niña Grande" o "Niño Grande" es un gran incentivo para que los niños aprendan a ir al baño. Si decides que no quieres usar el método "sin calzoncillos", entonces debes hacer que tu hijo elija dos tipos de ropa interior, algunas prendas sencillas con un poco más de relleno para el fin de

semana de entrenamiento y ropa interior de algún personaje para usar como una recompensa cuando tu niño haya tenido éxito en el entrenamiento para ir al baño.

RESUMEN DEL CAPÍTULO:

1. Hay varias cosas con las que debes familiarizar a tu pequeño antes de comenzar su travesía de entrenamiento para ir al baño. Esto incluye demostrar cómo usar el retrete o bacinilla, educarlos con medios y otros materiales, introducir la limpieza y fomentar la buena higiene del baño.

2. Cuando te tomas el tiempo para preparar a tu pequeño con la idea del entrenamiento para ir al baño antes de su gran fin de semana, haces que sea

más probable que tenga éxito. Los beneficios de hacer esto incluyen establecer expectativas, darle tiempo a tu hijo para pensar sobre la idea y hacer preguntas, permitiéndole elegir su ropa interior y la bacinilla, y ayudándole a decidir si tu niño pequeño y tú están listos para el campo de entrenamiento para ir al baño.

3. Los pasos provistos en este capítulo ayudarán a que la introducción del retrete sea más fácil. Este es un paso crítico antes de pasar al campo de entrenamiento para ir al baño. La mejor manera de hacerlo es a través de la demostración, el intercambio de ideas sobre el entrenamiento para ir al baño y la elección de una bacinilla y una ropa interior para niños "grandes".

TU PASO DE ACCIÓN DE INICIO RÁPIDO: PLANIFICAR MOMENTOS DE APRENDIZAJE SOBRE EL ENTRENAMIENTO DE BAÑO

Saca tu calendario ahora y anota la fecha en la que debes hacer que tu hijo se familiarice con el retrete. Idealmente, deberías de hacer esto la semana anterior al campamento de entrenamiento para ir al baño. Esta es una fecha lo suficientemente alejada para entusiasmarlo, pero lo suficientemente cerca como para que se mantengan emocionados mientras anticipan el importante fin de semana que vendrá.

Capítulo 5
Cómo Aplicar el
Método de Dos
Días

Capítulo 5: Cómo Aplicar El Método de Dos Días

Después de leer los capítulos anteriores, deberías estar casi lista para comenzar con el método de 2 días de entrenamiento para ir al baño. Este capítulo revisará el plan en profundidad, para que sepas exactamente qué esperar durante el fin de semana.

¿Por Qué Funciona El Método De 2 Días?

Los principios básicos detrás del método de 2 días son similares al método más popular de 3 días. Sin embargo, para los padres que trabajan durante la semana, es mucho más conveniente y fácil de aplicar que un método que toma tres días.

El método de 2 días funciona porque pasas suficiente tiempo familiarizando a tu hijo con el baño y lo que se espera de él o ella. Cuando hayas hecho esto, tu niño está mentalmente preparado para dar el siguiente paso.

Uno de los componentes clave de un exitoso campamento de entrenamiento de 2 días para ir al baño es tener un niño que esté dispuesto a complacer a sus padres. Esta es la razón por la cual, por lo general, se recomienda que los niños más pequeños (entre 1 y 2) sean entrenados usando este método. Puede tener éxito para otras edades, pero puede ser más difícil porque el niño ya ha desarrollado su propia actitud. También han aprendido a ignorar sus impulsos corporales o a ir en pañales porque les es conveniente.

Finalmente, notarás que el método de 2 días hace hincapié en dejar que tu pequeño corra sin calzoncillos. Esta es la mejor técnica porque les enseña las sensaciones asociadas con el pis y la caca. La velocidad con la que funciona hace que sea conveniente, ya que puede hacerlo durante el fin de semana o en unas cortas vacaciones familiares.

Beneficios del Método de 2 Días

Como se mencionó anteriormente, seguir los pasos provistos es esencial para el éxito del entrenamiento para ir al baño. Existen numerosos beneficios que vienen con este método. Aquí hay un breve recordatorio:

- Es una manera fácil de entrenar para ir al baño ya que los niños aprenden rápidamente lo que se espera de ellos.

• Pueden pasar directamente de pañales a ropa interior, eliminando la necesidad de costosos *pull-ups*.

• Al entrenar a una edad más temprana, se reduce el impacto sobre el medio ambiente debido a los pañales desechables, sin tener que lavar pañales de tela durante los próximos dos años de la vida de tu hijo.

• Los niños generalmente son menos desafiantes y tienen más ganas de complacer, por lo que será más fácil comunicarse con ellos acerca de la bacinilla.

• El método de 2 días también aumenta rápidamente la autoestima, la confianza y la independencia de tu hijo, ya que lo prepara para el éxito (y muchos de tus elogios).

● Es un método rápido de capacitación que se puede realizar en un solo fin de semana, lo cual es ideal para familias ocupadas.

Cómo Entrenar para Ir al Baño en 2 días

Ahora que tienes todo el conocimiento básico que necesitas, esta es la forma más efectiva de entrenar a tu pequeño para que use la bacinilla en solo dos días:

Paso 1: Di Adiós al Pañal

El primer día del campo de entrenamiento para ir al baño comienza cuando tu hijo se levanta de la cama.

Dale una bebida para comenzar el día y llévalo al basurero. Pídele que se quite el pañal, lo pongan en la basura y le diga adiós. No le des la opción de usar un pañal por el resto del fin de semana.

Paso 2: Dale Una Explicación

Poco después, explícale a tu niño por qué no le estás poniendo un pañal. Puedes dejarlo correr desnudo o ponerle en una camisola larga o una camiseta. Solo asegúrate de mantener su parte inferior expuesta. Luego, llévalo al baño y anímalo a probarlo. Explícale que no tendrán un pañal que atrapará sus desechos durante el día, por lo que la bacinilla es a donde debe ir.

Paso 3: Desayunen

Luego, siéntense a desayunar. Deja que tu hijo tenga otra bebida. Poco después de haber terminado de comer (o antes si indica que debe ir), lleva a tu niño a la bacinilla. Es probable que sea un viaje exitoso, ya que viene seguido de dos tragos y una comida.

Paso 4: Detente En Intervalos Regulares Para Recordatorios

Los próximos dos días, te quedarás en la casa y seguirás esta rutina. Lo mejor que puedes hacer es llevar a tu hijo cada 15 minutos, especialmente si estás tratando de evitar un accidente. Cada vez que tenga éxito, no olvides darle muchos elogios y afectos, junto con la recompensa que has elegido para tu hijo.

Paso 5: Disminuye La Cantidad de Bebidas Una Hora Antes de Dormir

A medida que se acerca la hora de la siesta de tu niño, corta las bebidas. Asegúrate de acostarlo después de un intento exitoso de usar el baño. Algunos recomendarán entrenar durante el día y la noche en diferentes momentos, pero es menos confuso si no le devuelves el pañal a tu hijo durante todo el campamento de entrenamiento para ir al baño. Deberás repetir este cese de líquidos y alimentos aproximadamente una hora antes de acostarse por la noche. Asegúrate de que tu hijo use el baño antes de acostarse y coloca una funda de plástico si está demasiado preocupado por los accidentes.

Paso 6: Despierta a Tu Pequeño Por La noche

Aproximadamente a la mitad de la noche, desearás configurar la alarma para despertar a tu niño pequeño y llevarlo al baño. Este es un viaje que tú y él o ella no disfrutarán, pero es necesario ayudar a entrenar su cuerpo para que se despierte y vaya al baño, en lugar de simplemente ponerle un pañal y que permanezca húmedo durante toda la noche.

Paso 7: Hazlo De Nuevo al Día Siguiente

Sigue el mismo ritual en el segundo día, animando a tu pequeño a ir con frecuencia y evitando las bebidas por la noche. Te sorprenderá lo rápido que se adapta. Cuando llegue el lunes, estará más que listo para ponerse su ropa interior para niño "grande" y seguir la rutina del día.

Paso adicional: Recuerda Mantenerte Optimista

Tu hijo tendrá accidentes, incluso si lo llevas al inodoro cada 15 minutos. Cuando ocurra, limpia con calma el desorden y explica dónde debe eliminar su desperdicio. Mantén tu actitud tranquila y positiva. Cuando haga pis o caca, recuerda que es un gran asunto para él o ella (y para ti). Celebra cada uno de sus éxitos y en un abrir y cerrar de ojos, tendrás un pequeño entrenado positivamente para ir al baño.

RESUMEN DEL CAPÍTULO:

1. El método de 2 días es más efectivo para los niños pequeños que están ansiosos por complacer a sus padres y que aún no han desarrollado el hábito de

sentarse en un pañal sucio. Al preparar a tu hijo e introducirlo al baño antes del campo de entrenamiento real, lo preparas para el éxito.

2. Recuerda que el éxito de tu hijo tendrá muchos beneficios. Puede ser difícil adaptarse a un fin de semana completo en el que solo te quedes en casa con tu niño pequeño, pero vale la pena a medida que aumenta la independencia de tu hijo y reduce el costo de los pañales y el impacto sobre el medio ambiente.

3. Al seguir los pasos que se proporcionan en este capítulo, en última instancia, habrás preparado a tu pequeño para el éxito en el entrenamiento del baño. Ofrécele muchas bebidas y haz que tu pequeño se despida de su pañal, incluso para la hora

de la siesta y la hora de acostarse. Llévalo al baño regularmente, incluso en la mitad de la noche, y no te olvide de reaccionar positivamente cada vez que vaya al baño donde se supone que debe hacerlo.

TU PASO DE ACCIÓN DE INICIO RÁPIDO: PROGRAMAR UN FIN DE SEMANA PARA LOGRARLO

Ahora que tienes toda la información que necesitas para tener éxito, es hora de hacer el trabajo. Programa un fin de semana en el que puedas quedarte en casa con tu niño pequeño y sigue los pasos descritos en este capítulo. Si deseas un poco de ayuda adicional, lee los próximos dos capítulos para obtener consejos adicionales antes de comenzar.

Capítulo 6:
Cómo Emplear
Una
Solución Sin
Pañales

Capítulo 6: Cómo Aplicar Una Solución Sin Pañales

En este capítulo, repasaremos cómo hacer que tu niño entrenado para ir al baño salga del pañal para siempre. También aprenderás lo que esto significa y los principales beneficios que obtiene tu niño al cambiar de pañales o pull-ups a la ropa interior.

¿Qué Significa Libre de Pañales?

Sin pañales significa que nunca tendrá que gastar dinero en un paquete de pañales o pull-ups de nuevo. Debes sentirte suficientemente confiada en las habilidades de tu pequeño (y él o ella deben sentirse seguros de sus propias habilidades) para poder usar ropa interior todo el tiempo.

La expectativa de estar libre de pañales es que tu hijo irá al baño regularmente. Ten en cuenta que esto no significa que no tendrás ningún accidente. Incluso los niños pequeños que han sido entrenados para ir al baño durante un año o más pueden tener un desastre ocasional en sus pantalones. Aquí hay algunos ejemplos de niños sin pañales.

Katelyn está comenzando su primer día de preescolar y debe estar entrenada para ir al baño. Después de un curso intensivo durante el fin de semana, aproximadamente 2 semanas antes de la escuela, ella comenzó a usar el baño regularmente. A pesar de que ha estado bien, Katelyn tiene dos accidentes el primer día de clases. Sin embargo, esta es una gran transición para ella, por lo que su maestra es comprensiva. Al final de la primera semana de clases, Katelyn está pasando el día sin ensuciarse los pantalones. Ella se considera libre de pañales.

Jonathan tiene dos años y ha impresionado a sus padres con sus esfuerzos en el entrenamiento para ir al baño. Aunque no usa pañales durante el día, con frecuencia moja la cama por la noche. Su madre decide usar ropa interior gruesa acolchada en la noche para tratar de contener el desastre. A pesar de que necesita la protección adicional por la noche, aun así Jonathan se considera libre de pañales.

Beneficios De Estar Libre de Pañales

Cuando empiezas a entrenar a tu pequeño para que vaya al baño, el objetivo principal es lograr que eliminen regularmente los desechos en el retrete. Estar libre de pañales significa evitar constantemente los pañales. Esto es importante porque previene la regresión o volver a los malos hábitos de entrenamiento para ir al baño. Además de mantener a tu pequeño en camino para el entrenamiento, no tener pañales viene con muchos otros beneficios, que incluyen:

- Asegurarle a Tu Hijo Que Tiene Tu Confianza y Orgullo: Cuando mantienes a tu bebé libre de pañales, estás reforzando la idea de que confías en que continúe usando la bacinilla. También se siente seguro de lo orgulloso que estás de él o ella, lo que refuerza el deseo de seguir usando el baño.

- Elimina Completamente El Costo de los Pañales: Los pantaloncitos de entrenamiento nocturnos y los pañales ocasionales para la hora de la siesta también pueden ser costosos. Al estar libre de pañales, eliminas por completo el costo y el impacto ambiental asociado.

- Evita la Regresión: Si continúas poniéndole pañales a tu hijo después del fin de semana de entrenamiento para ir al baño, incluso para las siestas o la noche, eso puede enviar señales mixtas. Es menos probable que aprendan a ir al baño mientras duermen y no prestarán tanta atención a las señales de su cuerpo. En el peor de los casos, también pueden comenzar a usar el baño en sus pantalones durante el día. Mantenerse alejado de los pañales ayuda a evitar esto.

Enseñando a Tu Pequeño A No Tener Pañales

Si el campo de entrenamiento para ir al baño salió bien, entonces ya tienes un gran comienzo para lograr que tu hijo no use más pañales. Aquí está lo que necesitas hacer.

Paso 1: Enséñale a Tu Hijo a Subirse y Bajarse La Ropa Interior

El campo de entrenamiento para ir al baño implicaba tener a tu pequeño sin ropa interior y los pañales, por lo que existe la posibilidad de que no sepan cómo subir y bajar la ropa interior. Enséñale esto como parte del proceso de ir al baño y vigílalo durante los primeros días, asegurándote de que esté avanzando lo suficientemente rápido como para poner el pis o la caca en el retrete. También debes evitar cualquier cosa con cierres duros (como botones, broches, monos enteros y pijamas de una sola pieza) cuando haya aprendido a usar el retrete.

Paso 2: Comprométete con el Proceso de Capacitación Del Uso del Baño

Cuando le hayas enseñado a subir y bajar su ropa interior, lo único que queda por hacer es comprometerte completamente con el entrenamiento para ir al baño. No le pongas pañales en la noche, o cuando salgas de la casa. Intenta planear salidas alrededor de un lugar cerca de un retrete durante la primera semana o dos, o planea hacer paradas frecuentes para que tu pequeño use el baño.

Paso 3: Limpiar Desastres - No Los Contengas

Si te esfuerzas para que esté completamente libre de pañales, entonces deberías esperar problemas. Trata de no enojarte; de lo contrario, tu hijo puede desanimarse rápidamente y renunciar por completo. Tampoco deberías ponerle pañales en lo absoluto. Tratar de contener el desastre le enseñará a su niño que está bien eliminarlo en sus pantaloncitos a veces.

https://www.verywellfamily.com/potty-training-problems-not-pooping-on-the-potty-2634549

https://www.thebump.com/a/potty-training-how-to-get-started-and-making-it-work

https://www.care.com/c/stories/4920/royal-flush-potty-training-strategies-that-w/

RESUMEN DEL CAPÍTULO:

1. La capacitación para estar libre de pañales implica tener un niño sin pañales, de día y de noche. Esto puede llevar algo de tiempo después del entrenamiento en el campo de entrenamiento, pero debes mantener tu compromiso. De lo contrario, tu niño puede comenzar a tener accidentes.

2. Cuando eliges que tu hijo no use pañales, le reafirmas tu confianza en él. Además, eliminas el impacto ambiental

y el costo de los pañales. Finalmente, estar completamente libre de pañales ayuda a prevenir la regresión.

3. Hay que seguir algunos pasos después de la sesión de entrenamiento de 2 días para que tu bebé se mantenga sin pañales. Debes enseñarle a tirar de su ropa interior hacia arriba y hacia abajo, mantener la coherencia con el entrenamiento para ir al baño y evitar el uso de pañales por completo.

TU PASO DE ACCIÓN DE INICIO RÁPIDO: APRENDE MÁS CONSEJOS PARA ESTAR SIN PAÑALES

Ahora que ya tienes una idea de cómo crear una vida libre de pañales para tu hijo, visita al menos un sitio web para encontrar sugerencias que pueden ayudarte a lograr este objetivo.

Capítulo 7
Entrenamiento
Para Ir Al Baño:
Errores a Evitar

Capítulo 7: Entrenamiento Para ir al Baño: Errores A Evitar

Si eres un padre o madre primeriza o solo uno que no tuvo éxito la primera vez con el entrenamiento de baño, debe saber que se cometen errores. No es un juicio de tu habilidad como padre, ni significa que estás destinado a fallar en el entrenamiento para ir al baño. La mejor manera de evitar estos errores es educándote sobre lo que son, para que puedas evitarlos.

¿Cuáles Son los Errores en el Entrenamiento para Ir al Retrete?

Los errores de entrenamiento para ir al baño son generalmente cosas pequeñas que quizás no pienses que sean un problema. Sin embargo, incluso las cosas que parecen insignificantes pueden desmotivar a tu hijo.

Por ejemplo, la madre de Jeff decidió entrenarlo antes de comenzar una nueva escuela. Se mudaron a una nueva casa el siguiente fin de semana y Jeff comenzó a tener accidentes frecuentes. La madre de Jeff se pregunta si sus métodos eran ineficaces. El problema con este escenario no es Jeff o su madre, es la mudanza. Mudarse a un nuevo hogar es un evento de vida estresante y Jeff puede haberse desmotivado por la experiencia.

Otro ejemplo es Kristy. Kristy lo hizo de maravilla en el campo de entrenamiento para ir al baño, pero cuando su familia regresó a su horario la semana siguiente, ella comenzó a tener accidentes. Esto probablemente sucedió porque Kristy aún no estaba lista para prestar atención a sus deposiciones por sí misma. Ella no está recibiendo la misma atención después del fin de semana, por lo que las ideas que pasaron tiempo creando no se estaban reforzando.

¿Por Qué Necesitas Conocer Estos Errores?

Igual que con muchas cosas en la vida, la mejor ofensiva es una buena defensa. Al saber cuáles son los errores más comunes y cómo encontrarlos, fácilmente puedes hacer que tu hijo y tú tengan éxito en el entrenamiento para usar el baño.

Ten en cuenta que estos no son los únicos errores que puedes cometer, pero son los más comunes. Además, puedes contar con que estos errores le pueden pasar a cualquiera: lo que realmente importa es tener la fortaleza para superarlos. Éstos son algunos de los beneficios de estar familiarizado con los errores de entrenamiento para ir al baño:

- Puedes responder rápidamente a los errores, una vez que identificas lo que los está causando.

- Puedes evitar contratiempos respondiendo rápidamente a los errores.
- Sabes qué esperar, en caso de que surja un problema inesperado.
- Puedes solucionar los problemas del proceso de entrenamiento para ir al baño, especialmente si no estás seguro de la razón por la que tu niño pequeño tiene problemas.

Cómo Evitar los Errores de Entrenamiento Para Ir al Baño

1. Mantén A Tu Hijo Hidratado

Una de las principales razones por las que falla el entrenamiento del baño es porque la sensación de orinar o defecar no es lo suficientemente clara como para que los niños lo noten. Para que sus señales sean lo suficientemente fuertes, asegúrate de que tome muchas bebidas durante el fin de semana. Usa jugos que sean reducidos de azúcar (o diluidos en agua) para mantenerlos hidratados.

2. No Entrenes Durante Momentos de Estrés

Cosas como mudarse, tener una nueva mascota o comenzar la escuela pueden ser emocionantes y divertidas. Sin embargo, no son el mejor momento para el entrenamiento de ir al baño. Cuando un niño se está enfocando en factores externos que causan estrés, ya sean positivos o negativos, hace que sea difícil concentrarse en sus sensaciones corporales y en su necesidad de usar el baño.

3. No Te Enojes Por Los Accidentes

Cuando tu hijo ingresa al mundo de los hábitos de baño y al uso de ropa interior de "niño grande" o "niña grande", es probable que ocurran accidentes. De vez en cuando puedes escuchar historias sobre un niño que nunca se ha mojado los pantalones nuevamente después del entrenamiento para ir al baño, pero lo más probable es que ocurran algunos desastres. Recuerda manejar estos con gracia: son naturales y no deseas que tu hijo asocie las emociones negativas con el proceso de eliminación que hace su cuerpo.

4. No Vuelvan a Los Pañales

Después del campo de entrenamiento para el uso del baño de 2 días, no debes volver a alentar a tu hijo a usar pañales.

En cambio, hagan paradas frecuentes en viajes largos en automóvil, planifica los paseos a tu tienda de comestibles en donde tengan baños para niños y trabaja activamente para mantener a tu pequeño seco y sin pañales. Los padres que tienen niños pequeños que luchan con la sequedad nocturna pueden optar por usar pañales por la noche. Si bien esto no se recomienda, puede ser una solución si su niño está teniendo problemas para mantenerse seco por la noche.

RESUMEN DEL CAPÍTULO:

1. Los errores pueden sucederle a cualquier padre que está entrenando a su niño para que use el retrete. El éxito proviene de superar estas luchas.

2. Existen numerosos beneficios al reconocer las dificultades que tu hijo puede enfrentar a medida que avanza desde el uso del baño hasta estar completamente libre de pañales. Al esperar que surja un problema ocasional, puedes responder rápidamente a los errores y evitar la regresión y los reveses.

3. Identificar algunos de los errores que ocurren durante el proceso de entrenamiento para ir al baño puede evitar que sucedan. Asegúrate de entrenar a tu pequeño en el momento adecuado, mantén a tu hijo bien alimentado e hidratado, eviten el uso de pañales por completo y mantén la calma y el apoyo en caso de accidentes.

TU PASO DE ACCIÓN DE INICIO RÁPIDO:

Si bien esta información es suficiente para la prevención de problemas que comúnmente surgen, todavía debes informarte sobre qué más puede salir mal. No tengas miedo de hacer el entrenamiento para ir al baño, pero prepárate mirando lo que se debe y lo que no se debe hacer para aprender a ir al baño

.

Capítulo 8

Entrenamiento

Para Ir Al Baño -

Consejos para

Niños

Capítulo 8: Entrenamiento Para Ir Al Baño - Consejos para Niños

En este capítulo, nos enfocaremos brevemente en el entrenamiento para ir al baño para niños. Una de las principales diferencias entre los niños y las niñas que entrenan en el baño es que los niños necesitarán que se les enseñe a pararse y apuntar cuando estén listos. Este capítulo repasará qué más necesitas saber.

¿Por Qué Necesitas Entrenar A Tu Niño Como Niño?

Mientras entrena a tu hijo, le estás enseñando mucho sobre su cuerpo. Esto hace que sea un buen momento para notar que los niños y las niñas son diferentes. El desarrollo temprano de los hábitos de baño "de niño" hará que sea más fácil enseñarle a estar de pie luego. Esto será necesario para evitar que "falle" el retrete en el futuro. Algunos otros beneficios incluyen:

- No Es Necesario Volver A Aprender: Algunos niños se sienten más cómodos sentados en la bacinilla para hacer pis, especialmente cuando están aprendiendo por primera vez. Sin embargo, si aprenden a estar de pie y hacer pis primero, no tendrán que volver a aprender este nuevo método de hacer pis más adelante.

- Objetivo Mejorado: Cuando tu niño tenga más práctica, podrá apuntar mejor.

Consejos para el Entrenamiento de Baño Para Niños

- Dale Algo A Lo Que Debe Apuntar: Pequeños Cheerios u otras cosas que flotarán son una buena opción para hacer que su hijo orine dentro de la bacinilla o retrete. Simplemente dígale que sostenga su parte privada y apunte al elemento designado. Alternativamente, coloca una pegatina en la parte inferior de su silla de entrenamiento para el retrete.

- Enséñale a Sentirse Cómodo Agarrándose El Pene: Aunque siempre alentamos a los niños a no jugar consigo mismos en público, tu hijo debería sentirse cómodo de contenerse y dirigir su flujo hacia donde debe ir. Este es un gran trabajo que debe enseñarle un hermano mayor, padre o tío.

• Elige Una Bacinilla Que Tenga Un "Labio": Algunas bacinillas infantiles tienen una pequeña joroba o copa en el frente, que está diseñada para atrapar el flujo de tu pequeño si se dispara sobre el borde del asiento mientras está aprendiendo a ir al baño.

RESUMEN DEL CAPÍTULO:

1. Los niños y niñas son diferentes, especialmente porque los niños eventualmente necesitarán aprender a pararse y hacer pis.

2. Permite que tu hijo aprenda el entrenamiento para ir al baño de una manera "específica para niño" eso ayudará a prevenir futuras luchas.

3. Algunos de los consejos que debes emplear mientras enseñas a tu hijo pequeño a usar el baño incluyen darle algo para apuntar, enseñarle a sostener sus partes privadas y usar una bacinilla que tenga una copa o pestaña para atrapar la orina perdida mientras él está sentado para hacer caca.

TU PASO DE ACCIÓN DE INICIO RÁPIDO: PLANEA UN CAMPO DE ENTRENAMIENTO "DE NIÑOS"
Usa los consejos provistos aquí para ayudar a que el entrenamiento para ir al baño sea más efectivo para tu niño pequeño, si estás tratando de entrenar a tu hijo. Estos consejos no son algo que todos los padres consideran y harán que

el entrenamiento para ir al baño sea mucho más simple.

Capítulo 9 Entrenamiento Para Ir Al Baño Consejos para Niñas

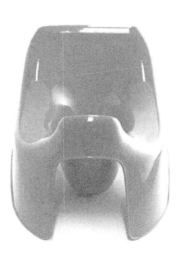

Capítulo 9: Entrenamiento Para ir al Baño - Consejos para Niñas

En este capítulo, discutiremos algunos consejos específicos para las niñas. La principal diferencia entre niñas y niños es que las niñas deben aprender a limpiarse adecuadamente. Este capítulo le enseñará más sobre esto, así como algunos consejos extra para entrenar a tu pequeña hija.

¿Por Qué Necesitas Entrenar A Tu niña Como Niña?

Hay dos grandes distinciones entre niños y niñas. El primero es si se sientan o se paran para hacer pis y el segundo es limpiar. Limpiar puede convertirse en un problema de higiene si no se hace correctamente. Debes entrenar a tu pequeña niña para que se limpie de adelante hacia atrás y que se limpie cada vez que orine. Los beneficios incluyen:

- Menos Posibilidades de Infección: si tu niña no se está limpiando de la manera correcta, puede provocar irritación e infección en su área privada. La limpieza adecuada puede evitar esto.

- Mejor Limpieza: Las niñas requieren más tacto cuando se trata de limpiar después de hacer pis que los niños. Ponerlas en el camino correcto con antelación significa más limpieza pronto.

Consejos Para el Entrenamiento de Baño para Niñas

- Controla Su Rociador: Las niñas pequeñas también pueden tener un problema al rociar el frente del retrete o bacinilla. Para evitar esto, haz que tu niña se siente con las rodillas ligeramente separadas y hacia atrás lo suficiente como para que tanto su parte inferior como sus partes privadas estén sobre el retrete.

- Usa Una Silla de Entrenamiento: Para que las niñas hagan pis, sus músculos pélvicos deberán relajarse y dejar que la orina fluya. Es más fácil hacerlo en una bacinilla, donde los pies de tu hija pueden tocar el piso.

- Fomenta La Limpieza Adecuada Desde el Principio: Enséñale a tu hija a limpiarse hasta que se sienta seca. También debes enseñarle a limpiarse de adelante hacia atrás, lo que evitará la infección y la irritación.

RESUMEN DEL CAPÍTULO:

1. La principal diferencia entre las niñas que hacen entrenamiento del baño en comparación con los niños es cómo se sientan / se paran y el cuidado posterior.

2. Reconocer esta diferencia es fundamental para la correcta higiene y el éxito en el entrenamiento para el uso del baño. También evitará la infección causada por una limpieza inadecuada.

3. Al seguir consejos como asegurar que tu niña esté sentada correctamente, enseñarle a limpiarse correctamente y

usar un inodoro que se ponga en el piso, puede mejorar las posibilidades de que tu niña aprenda a usar el baño.

TU PASO DE ACCIÓN DE INICIO RÁPIDO: PLAN PARA EL ENTRENAMIENTO DE TU NIÑA

Si tienes una niña pequeña, implementa los consejos provistos en este capítulo en tu plan de entrenamiento para ir al baño. Esto aumentará las posibilidades de éxito.

Capítulo EXTRA:

Consejos Útiles

para Papás

Capítulo EXTRA: Consejos Útiles para Papás

Los papás que conducen el entrenamiento para ir al baño suelen obtener menos reconocimiento que las madres, porque la mayoría de las personas lo asocian con que es un trabajo de "madre". Los que sí lo hacen, sin embargo, son verdaderos campeones. Los papás están catalogados como los que siempre quieren evitar desastres. Sin embargo, muchos toman el desastre que viene con el entrenamiento del baño con calma y pueden tener un sentido del humor que mamá puede no tener. Aquí hay algunos consejos para los papás que asumen la responsabilidad del entrenamiento del baño.

¿Por Qué Los Papás Merecen (y necesitan) Consejos de Entrenamiento Para Ir Al Baño? Gran parte del material diseñado para el entrenamiento del baño está dirigido a las madres, a quienes a menudo se les atribuye el manejo de los desastres que acompañan la crianza de un niño, incluyendo el entrenamiento para ir al baño. Aun así, los papás que aprovechan los consejos para este adiestramiento obtienen los siguientes beneficios:

- Una Mejor Idea De Qué Esperar: Cuando aprendes qué consejos pueden ayudarte como padre que intenta entrenar a su hijo en el baño, te estás dando la ventaja de saber lo que está por venir para poder prepararte mejor.

- Enfoque Único: Las mamás y los papás son conocidos por sus diferentes enfoques de disciplina, tiempo de juego, bocadillos, realmente todo. El entrenamiento para ir al baño no debe excluirse de esto, especialmente si tu niño responde mejor al enfoque de un papá.

Consejos de Entrenamiento del Baño para Papá

- Desarrolla un Sentido del Humor: Las cosas se volverán "complicadas" durante tu fin de semana de entrenamiento de tu hijo para que vaya al baño. Puede ser fácil enloquecer, especialmente si tú eres generalmente el que maneja los desastres de tu niño. Aun así, es importante mantener la calma y la compostura frente a los desastres y aprender a reírte de lo que hace tu hijo. El entrenamiento para ir al baño se vuelve mucho más fácil y divertido si tienes sentido del humor para enfrentarlo.

- Inventa un Código: ¿Hay algún animal en particular que le pueda interesar a tu hijo? Las serpientes funcionan bien porque se parecen a la forma que a menudo se deja en el retrete después de una caca. Sin embargo, aunque a su niño pequeño no le gusten las serpientes, inventa un divertido canto de "victoria" que puedas usar cada vez que haga caca en el retrete. Esta es una técnica divertida y digna de un padre.

- Abastécete De Alfombras: Si realmente deseas evitar ensuciar, compra alfombras adicionales. No tendrás que lavar demasiado y no tendrás que preocuparte por perder su depósito de seguridad. Compra los que tienen respaldo de goma para mayor seguridad, especialmente si quieres dejar que él o ella se siente en los muebles.

RESUMEN DEL CAPÍTULO:

1. Aunque las personas suelen asociar el cuidado de los niños, el cambio de pañales y el entrenamiento para ir al baño con las madres, los padres a menudo tienen un enfoque único que

puede ser beneficioso para su niño pequeño.

2. Cuando revisas los consejos de entrenamiento para ir al baño, especialmente para los papás, encuentras consejos que coinciden con su personalidad. Esto puede ayudarlo a aprender qué esperar y ayudar a desarrollar una técnica de entrenamiento para ir al baño que se adapte perfectamente a las habilidades de aprendizaje de su niño.

3. Tener consejos amigables para papás puede hacer que el proceso de entrenamiento sea mucho más fácil. Esto incluye el uso de tapetes con respaldo de goma para evitar desastres o manchas, inventar un canto de victoria y tener sentido del humor sobre el

entrenamiento para ir al baño para niños pequeños.

TU PASO DE ACCIÓN DE INICIO RÁPIDO: CREA UN PLAN

Si eres un padre que está leyendo este capítulo, entonces buena suerte al abordar el entrenamiento para ir al baño con tu pequeño. Asegúrate de implementar estos consejos como parte de su plan si crees que pueden facilitar el proceso.

Conclusión

¡Gracias nuevamente por la compra de este libro!

Espero que este libro haya sido capaz de ayudarte a aprender los mejores métodos para entrenar a tu pequeño en el baño. Ya sea que tengas un niño o niña, ahora debes estar armado con los conocimientos necesarios para que el entrenamiento sea en tan solo dos días. A partir de ahí, podrás alentar a tu hijo a estar sin pañales y evitar errores de entrenamiento para ir al baño.

El siguiente paso es crear un plan y ponerlo en acción. Con el conocimiento que ahora tiene, lo único que queda es terminar el entrenamiento de fin de semana.

Finalmente, si este libro te ha aportado valor y te ha ayudado de alguna manera, entonces me gustaría pedirte un favor. Si eres muy amable en dejar una reseña de este libro en Amazon, ¡lo apreciaría muchísimo!

¡Gracias y buena suerte!

Made in the USA
Coppell, TX
24 January 2022

72239533R00085